Unicornios

Grace Hansen

Abdo Kids Jumbo es una subdivisión de Abdo Kids
abdobooks.com

abdobooks.com

Published by Abdo Kids, a division of ABDO, P.O. Box 398166, Minneapolis, Minnesota 55439.

Abdo Kids Jumbo™ is a trademark and logo of Abdo Kids.

Printed in China

052024

092024

THIS BOOK CONTAINS RECYCLED MATERIALS

Spanish Translator: Maria Puchol

Photo Credits: Alamy, Getty Images, Granger Collection, Shutterstock, ©Wellcome Images p.13/CC BY 4.0

Production Contributors: Teddy Borth, Jennie Forsberg, Grace Hansen
Design Contributors: Candice Keimig, Pakou Moua

Library of Congress Control Number: 2023950273

Publisher's Cataloging-in-Publication Data

Names: Hansen, Grace, author.

Title: Unicornios/ by Grace Hansen

Other title: Unicorns. Spanish

Description: Minneapolis, Minnesota: Abdo Kids, 2025. | Series: El mundo de los seres mitológicos | Includes online resources and index

Identifiers: ISBN 9798384902164 (lib.bdg.) | ISBN 9798384902720 (ebook)

Subjects: LCSH: Unicorns--Juvenile literature. | Mythical animals--Juvenile literature. | Folklore—Juvenile literature. | Legends--Juvenile literature. | Spanish language materials--Juvenile literature.

Classification: DDC 398.2454--dc23

Contenido

El mito del unicornio

Los unicornios son seres mitológicos maravillosos. Las leyendas de diferentes lugares y épocas los describen como criaturas diferentes. Pero en la mayoría de las historias, tienen un cuerno mágico.

Unicornios orientales

Los unicornios han aparecido en muchas culturas. En la mitología **oriental** china, es conocido como el *qilin*. Tiene el aspecto de un **ternero** con escamas y un cuerno. En otros mitos, tiene astas y cabeza de dragón.

Los mitos sobre el *qilin* cuentan que es capaz de llevar gente al y desde el cielo. Hoy en día, el *qilin* es principalmente un símbolo de buena suerte y protección.

En Japón, al unicornio se le conoce como el *kirin*. Tiene cuerpo de venado y cabeza de dragón. Puede representarse con astas o con cuerno. Es amable, tímido y representa la **pureza**.

Unicornios occidentales

En la cultura **occidental**, un historiador y médico griego, Ctesias, escribió un libro sobre la India y los seres que la habitaban en el año 430 a.e.c. Uno de ellos era un burro de colores con un cuerno.

En la Edad Media, aparecieron leyendas nuevas. En la mitología **medieval**, estas criaturas se parecían a los caballos. Eran lindos, fuertes y brillaban por la noche.

Los unicornios son tímidos y delicados, pero son valientes luchadores. Protegen a otras criaturas y a los humanos.

El cuerno de unicornio en inglés tiene un nombre especial, *alicorn*. Es mágico y puede **perforar** cualquier material. Hasta el siglo XVIII, se creía que curaba a enfermos.

la mort et passio

Al igual que en la cultura asiática, reyes y reinas ingleses lo usaron como símbolo de bondad. Y así se sigue representando al unicornio en los cuentos de hoy en día.

Escudo de armas real de Reino Unido

Otras criaturas mitológicas

Centauro

- De la mitología griega
- Mitad hombre y mitad caballo
- Salvaje y con gran **sabiduría**

Fauno

- De las mitologías griega y romana
- Patas y cola de cabra y cuerpo de hombre
- A menudo con cuernos y orejas puntiagudas
- Símbolo de paz

Grifo

- Criatura majestuosa y fuerte, de mitos griegos, romanos y egipcios
- Es un **híbrido** de león y águila
- Protege tesoros

Fénix

- Ave legendaria de muchas mitologías como la egipcia y la griega
- Conocida por arder en llamas y resurgir de sus propias cenizas
- Símbolo de **inmortalidad** y nuevos comienzos

Glosario

híbrido – mezcla de dos o más cosas que hacen una nueva.

inmortalidad – vivir para siempre.

medieval – relativo a la época de la Edad Media.

occidental – relativo o procedente del oeste, por ejemplo de Europa.

oriental – relativo o procedente del este, por ejemplo de Asia.

perforar – atravesar, hacer un agujero.

pureza – rectitud, honestidad, integridad.

sabiduría – conocimiento y sentido común.

ternero – vaca o toro joven.

Índice

¡Visita nuestra página **abdokids.com** para tener acceso a juegos, manualidades, videos y mucho más!

Los recursos de internet están en inglés.